This notebook belongs to

Date:

Date:

Date:

Date:

Date:

Date:

Date:

Date:

Date:

Date:

Date:

Date:

Date:

Date:

Date:

Date:

Date:

Date:

Date:

Date:

Date:

Date:

Date:

Date:

Date:

Date:

Date:

Date:

Date:

Date:

Date:

Date:

Date:

Date:

Date:

Date:

Date:

Date:

Date:

Date:

Date:

Date:

Date:

Date:

Date:

Date:

Date:

Date:

Date:

Date:

Date:

Date:

Date:

Date:

Date:

Date:

Date:

Date:

Date:

Date:

Date:

Date:

Date:

Date:

Date:

Date:

Date:

Date:

Date:

Date:

Date:

Date:

Date:

Date:

Date:

Date:

Date:

Date:

Date:

Date:

Date:

Date:

Date:

Date:

Date:

Date:

Date:

Date:

Date:

Date:

Date:

Date:

Date:

Date:

Date:

Date:

Date:

Date:

Date:

Date:

Date:

Date:

Date:

Date:

Date:

Date:

Date:

Date:

Date:

Date:

Date:

Date:

Date:

Date:

Date:

Date:

Date:

Date:

Date:

www.ingramcontent.com/pod-product-compliance
Lightning Source LLC
Chambersburg PA
CBHW030707220526
45463CB00005B/1942
9781701652781